K. Aspevig

Alazaïs
en pays cathare

Collection dirigée par
Christian Poslaniec

Marie-Claude Bérot

Alazaïs
en pays cathare

Illustrations de
Jean-Claude Pertuzé

Milan

Née au cœur de cette Occitanie qu'elle aime avec passion, **Marie-Claude Bérot** a passé son enfance à courir dans les collines de Plavilla, du haut desquelles, par temps clair, on devine le rocher de Montségur.

Maman de trois petits, puéricultrice, avant de songer à écrire pour eux, elle a écouté les enfants qui ont tant de rêves à raconter.

Puis, abandonnant à regret le beau pays cathare, elle a suivi au fin fond des Pyrénées son montagnard préféré.

Jean-Claude Pertuzé est né en 1949 à Lectoure en Gascogne. Après avoir dessiné dans les marges de ses cahiers, il a fréquenté l'école des Beaux-Arts, à Toulouse, ville où il est maintenant illustrateur « en tous sens ».

Comme il ne sait toujours pas ce qu'il fera quand il sera grand, il se partage entre l'illustration de livres, la bande dessinée, le dessin de presse, la publicité, en changeant de style et de technique.

Ce qu'il préfère quand même, c'est aller dans les montagnes, et travailler sur les contes, les traditions et l'histoire des Pyrénées, de la Gascogne et d'ailleurs.

À mes aïeux de Plavilla
et à leurs descendants :
Violaine, Jordane, Pierre.

1

Alazaïs a mené ses moutons bien loin, jusqu'aux limites de la forêt de Gaja. Il faut économiser l'herbe neuve autour du village. Le printemps passera vite.

Elle s'assied près du vieux chêne au bord du taillis. Il fait beau. Le vent d'autan souffle déjà moins fort. Autour d'elle la lande verte est joliment fleurie de genêts. Il y a partout des bosquets remplis de chants d'oiseaux.

Les brebis paissent, tranquilles. Le chien dort, le nez dans les coquelicots. Elle regarde le ciel clair dans lequel sommeille un reste de lune.

Vers le nord, à deux longues journées de marche, il y a Toulouse, la grande ville si belle, qu'Alazaïs voudrait tant connaître. Au sud, les montagnes rosées par le matin levant étincellent.

De toute la force de ses yeux, Alazaïs cherche dans le lointain le rocher de Montségur. Elle le trouve enfin et laisse son regard sur lui.

C'est vers la citadelle de Montségur que son père, Martin le Rouge, était parti en ce terrible printemps 1241.

Depuis des années, une nouvelle religion était née dans le Midi de la France, la religion cathare. Elle était prêchée avec passion, mais aussi avec tant de douceur, par des hommes si généreux qu'on les avait vite nommés « bons-hommes » ou « parfaits ».

Le village d'Alazaïs, un tout petit village autrefois paisible, se situait à la croisée des chemins que parcouraient les bonshommes. Tous ceux qui vivaient près d'elle, son père Martin, sa grand-mère Garsende et beaucoup de ses voisins avaient de l'amitié pour les prêtres de cette Église nouvelle. Ils auraient pu ainsi vivre heureux...

Mais les prélats de l'Église catholique, inquiets de voir tant de leurs fidèles attirés par la parole des parfaits, décidés à les abattre, organisèrent contre eux une sainte croisade. Pour cela, ils avaient demandé l'aide des chevaliers du Nord. Ceux-ci n'hésitèrent pas à prendre les armes. Sous prétexte de sauver leurs âmes ils espéraient surtout s'approprier les terres du Midi, ces belles terres d'Occitanie, chaudes de soleil.

La guerre avait éclaté, une guerre sans pitié conduite par un chef violent, Simon de Montfort, et par des moines mauvais, les inquisiteurs. Des villes avaient été détruites et on brûlait vivants sur des bûchers immenses tous ceux qui appartenaient à la religion interdite. La terreur régnait dans les villages. C'est alors que la forteresse de Montségur était devenue le refuge des cathares.

Alazaïs se souvient bien de cette nuit qu'avait choisie Martin pour conduire si loin, jusqu'aux creux des montagnes Pyrénées, les deux bonshommes traqués. Elle les avait vus prendre le chemin de la colline. Martin s'était retourné, il avait levé le bras. Elle n'avait pu voir son regard à cause de l'obscurité, seulement cette main levée en guise d'au revoir. Elle n'avait plus jamais revu son père vivant.

Lorsque Martin avait quitté la maison avec les deux hommes, Garsende s'était empressée de fermer la porte derrière eux. Elle tremblait. Plus tard, assises au coin du feu, la tête d'Alazaïs somnolente sur ses genoux, elle avait encore une fois dit sa peur des moines prêcheurs, ces inquisiteurs qui torturaient tant et tant que de pauvres gens, fous de souffrance, dénonçaient leur père et aussi leur mère. La traque se refermait, son pays était devenu un mauvais pays, plein de haine et de vengeance.

Garsende avait parlé longtemps cette nuit-là :
— Prends garde aux moines blancs, disait-elle, prends garde aux « chiens de Dieu ».

Les heures avaient passé et les jours, jusqu'au matin maudit où on leur avait ramené le corps de Martin tout noir de terre et de sang. Alazaïs avait serré les dents pour ne pas crier. Elle n'était qu'une petite fille encore, mais son enfance venait de s'envoler.

Elle savait que son père était un brave, elle imaginait la bataille, là-bas, du côté de Mirepoix. Elle devinait qu'il s'était défendu avec courage, qu'il n'avait pas trahi, généreux jusqu'à mourir.

La douleur d'Alazaïs avait été si forte qu'elle avait couru vers le haut de la colline. De là, elle pouvait voir, surgie des brumes, la ville de Fanjeaux, ce nid d'inquisiteurs. Des larmes plein les yeux, le poing levé vers la lointaine ville, elle avait hurlé : « Maudits ! Maudits ! »

2

Il est déjà bien tard. Le soleil est tombé derrière les arbres depuis un grand moment. Il faut rentrer. Alazaïs se lève, rassemble ses moutons. Et c'est alors que la terre tremble. Vingt, trente cavaliers galopent vers elle.

Elle s'accroupit, la tête sous ses bras repliés, comme pour se protéger. Un bosquet la cache à leurs yeux. Les cavaliers s'arrêtent aussi brusquement qu'ils étaient apparus. Ils ont un visage las, farouche. Un instant, ils regardent autour d'eux et, rassurés, jettent bas leur chargement.

Alazaïs est prise au piège. Elle ne peut plus

bouger sans être vue. Déjà, les brebis ont franchi le ruisseau. Pour elles, Alazaïs ne craint rien, le chien saura les reconduire, mais elle pense à sa grand-mère et son cœur se crispe de peine. Que fera Garsende lorsqu'elle verra les bêtes rentrer seules ?

*
* *

Dans sa maison la vieille femme a réchauffé la soupe. Les écuelles sont posées sur la table de vieux bois. Il fait bon dans la salle, un peu frais, sombre aussi. Bien avant la nuit, Alazaïs sera rentrée.

— Tiens, dit Garsende à voix presque haute, la voilà déjà. J'entends les brebis sur le chemin. Le vent porte bien les bruits ce soir, et que ces sonnailles sont claires.

Elle sort sur le pas de la porte. Le soleil est tout à fait couché, l'heure bleue du soir presque éteinte. Talpou aboie plus que de coutume, il se donne bien du mal. Mais... Alazaïs ?

Dans les dernières lueurs du jour, la vieille femme inquiète regarde, cherche. La lande s'étend très loin mais la lande est vide. Les moutons se sont engouffrés dans la grange ouverte. Comme elle le fait tous les soirs,

Garsende referme la porte qui gémit. Elle lance au chien le morceau de pain préparé pour lui. Il le dévore et lape au bassin l'eau de la dernière pluie. Ensuite, il s'assied, queue immobile, le regard levé vers Garsende, mais ses bons yeux ne disent rien. Alors, tournée vers la colline, de toutes ses forces, la vieille crie :

— Alazaïs ! Alazaïs !

Tout se tait. La nuit est venue.

3

Les cavaliers ont allumé les feux. Dans le noir de la nuit poussent des flammes éblouissantes. Le cœur d'Alazaïs s'apaise. Elle est fascinée par ce vieil homme aux cheveux blancs dont elle vient d'entendre le nom. Cet homme, c'est Pierre-Roger de Mirepoix, le chef de la citadelle où se sont réfugiés les cathares, le défenseur de Montségur.

Trois chevaliers entourent le seigneur, ils discutent fort. Un amas de broussailles et d'arbustes emmêlés sépare Alazaïs des quatre hommes. Elle se penche pour surprendre leurs paroles :

— ...les supprimer tous... Avignonet...

Celui qui a parlé est grand, ses yeux luisent de colère.

Alazaïs sait bien qu'Avignonet est le nom de cette ville vers Toulouse, devenue comme Fanjeaux un repaire d'inquisiteurs. Elle frémit.

À l'autre bout de la clairière flambe un second feu. Autour de lui se presse le reste de la troupe.

Le temps passe. Alazaïs ne bouge pas. Maintenant les quatre hommes parlent si bas qu'elle n'entend plus rien. Le feu a baissé.

— Hé, vous, là-bas, apportez du bois ! crie un chevalier.

Deux ombres se dressent de l'autre côté de la prairie, la traversent, se dirigent vers le bosquet où se cache Alazaïs. Les deux hommes franchissent le taillis, écartent les branches des noisetiers...

Alazaïs se jette contre la terre. Le sang bat à ses tempes. Elle s'enfonce au plus profond de l'herbe. Elle ne respire plus. La peur lui tord le ventre. Des pas se rapprochent, écrasent l'herbe...

Une main la saisit. Sa coiffe roule dans les fleurs sauvages et ses cheveux dégringolent jusqu'au bas de son dos.

D'un geste brusque, l'homme la relève :

— Seigneur Dieu, la jolie petite ! Jordanet, où es-tu, garçon ? Regarde donc ce que je t'ai trouvé.

Dans un grand saut d'animal, Jordan franchit le buisson, il est là près d'elle, beau comme un soleil.

*
* *

— Qu'as-tu trouvé Tolsan ?

Pierre-Roger de Mirepoix s'approche. Alazaïs est perdue.

— Messire, dit Jordan, Messire je vous en supplie, regardez, elle tremble comme un oiseau !

Pierre-Roger éclate d'un grand rire, un instant on voit ses dents blanches de bête carnassière.

— Eh bien, mes damoiseaux, voilà une fauvette dont nous nous serions bien passés pour aller où nous devons.

Son rire se casse net, et il dit à mi-voix :

— Je crois qu'il va falloir l'occire !

Alors Jordan se jette sur Alazaïs, la couvre de son corps. Il a déjà saisi son poignard.

— Arrête, bâtard ! Tu deviens fou ! hurle un des trois chevaliers en le désarmant.

— Laisse, Bernard, il ne me plaît pas non plus d'immoler cette enfant.

Il y a un long silence que brise le cri rauque d'un oiseau de nuit.

— Écoute-moi, Jordan de Gaja, tu vas rester ici jusqu'à notre retour, tu garderas cette pucelle qui a certainement entendu trop de choses.

Jordan se tait. La mission que le seigneur de Montségur lui confie n'est pas glorieuse, pourtant il ne se fâche pas lorsque ses compagnons ricanent.

— Maintenant, commande Pierre-Roger, allons dormir, demain la journée sera rude.

4

Jordan l'a recouverte de son manteau et Alazaïs est tombée aussitôt dans le sommeil. Dans son rêve, des hommes se mènent un combat féroce. Ils crient. Ils tuent. Au milieu d'eux, Jordan se bat avec une hargne sauvage. Elle, au plus doux de son rêve, croit qu'il va gagner, quand une hache se lève au-dessus de la tête du garçon, la fait voler en éclats.

Alazaïs pousse un hurlement. Elle sort de son cauchemar le front brûlant, une peur mauvaise lui serre la gorge. Elle s'appuie contre un arbre, le visage ruisselant de sueur, elle grelotte.

Le soleil déjà rase l'horizon. Autour d'elle, rien. Que le vent qui couche l'herbe haute, le vent qui harcèle les noisetiers, fait grincer les cyprès et s'envoler en tourbillons les dernières cendres des feux, un vent furieux qui étourdit.

Seule.

Les cavaliers ont disparu. Elle n'a rien entendu que les bruits d'armes de son triste rêve. Elle a dormi jusqu'au jour.

Près de la source, au-delà des deux ormes touffus, Jordan remplit son outre.

Alazaïs se dresse, elle voit les cheveux noirs du garçon emmêlés par le vent. « Seigneur, merci, il est vivant » songe Alazaïs encore toute bouleversée par son cauchemar.

Il s'approche. Il a un regard doux de troubadour. Lorsqu'il est tout près d'elle, il remonte doucement sur ses épaules le manteau qui traînait au sol. Sans un mot, il lui donne à boire, puis il lui tend du pain et du fromage.

— N'aie pas peur, dit-il enfin, je ne te ferai pas de mal. Les temps sont mauvais, c'est vrai, les hommes s'entre-tuent mais je veux croire qu'un jour le bonheur de vivre reviendra chez nous. Le comte Raimon de Toulouse nous sauvera avec l'aide de nos seigneurs bafoués. Nous rebâtirons nos villes incendiées et notre campagne, que la croisade a dévastée, refleurira. Je m'appelle Jordan, je suis de Gaja. On me dit le bâtard du chevalier de Saint-André et je suis fier de ce père. Ma mère Maurine est morte dans la foi des bons-hommes. Moi aussi, je suis l'ami des cathares.

Un sourire passe dans les yeux de Jordan. Il se tait.

Alazaïs, surprise par cet aveu, troublée par cette si belle confidence, ose parler :

— Mon nom est Alazaïs. Je suis la fille de Martin le Rouge du village de Plavilla.

— Je connaissais bien Martin le Rouge, il était des nôtres. On m'a raconté sa mort courageuse près de Mirepoix. Je sais comment il a sauvé la vie des parfaits Bertrand et Isarn. Tu es comme moi dans le camp des bons chrétiens.

— Je hais les inquisiteurs ! lance Alazaïs avec rage.

Elle reste un instant silencieuse, puis :

— Pourquoi le seigneur de Mirepoix et les autres sont-ils partis à Avignonet ?

— Tais-toi, ne prononce jamais ce nom.

— Pourquoi voulait-il me tuer ?

— Il craignait que tu les aies entendus parler de l'expédition.

— Que sais-tu, toi ?

Jordan baisse la tête, et :

— Je ne peux rien te dire.

— Dis-moi, Jordan, je t'en supplie, dis-moi.

Les yeux gris d'Alazaïs sont devenus si sombres, sa voix si volontaire, que Jordan ne sait que répondre.

— Si je te dis ce que je sais, tu seras en danger.

— Je n'ai pas peur de mourir !

Alazaïs parle avec la fougue d'un chevalier mais Jordan sent bien la peur rôder dans sa voix. Il précise :

— Cette petite troupe est bien partie vers Avignonet.

Et plantant son regard dans celui d'Alazaïs, il murmure les mots difficiles :

— Ils veulent supprimer les inquisiteurs.

— Guillaume Arnaud ?

Elle a tant entendu parler de ce moine méchant qui emprisonne, qui tue, qui déterre les morts pour les brûler, qui veut faire disparaître tous les cathares et tous les amis des cathares.

— Oui, Guillaume Arnaud, et aussi le frère Étienne et tous les inquisiteurs qui sont à Avignonet.

— S'ils meurent, il n'y aura plus de bûchers, dis, Jordan, il n'y aura plus de torture ni de crimes au bord des chemins ? Mon père Martin sera vengé ?

— Tu verras, nous recommencerons à vivre comme autrefois, comme au temps de nos pères, quand les armées du Nord n'avaient pas encore envahi notre pays, quand ces moines n'étaient pas arrivés jusqu'ici. Tout sera bon à nouveau.

5

Un aboiement retentit vers le haut de la colline. Au loin deux silhouettes. Le chien court devant, le museau au ras du sol. Alazaïs a reconnu Talpou. Jordan entraîne la petite derrière les arbres en lui demandant :

— Qui sont-ils ?

— C'est mon chien, il conduit Guilhem et Vital.

— Que font-ils dans ce coin perdu ?

— Guilhem est mon ami, Vital est son père. Ma grand-mère a demandé de l'aide, ils me recherchent.

Elle insiste :

— Guilhem est mon ami, il ne faut rien craindre de lui.

Plus bas, elle ajoute :

— Mais Vital n'a pas la foi des bonshommes, il faut se méfier.

Jordan a saisi la main d'Alazaïs, lui a fait traverser le ruisseau pour que le chien perde leur trace. Ils courent au creux de la forêt. Les ronces accrochent leurs vêtements, les retiennent. Alazaïs trébuche mais Jordan la relève, la soulève. Ils s'enfoncent dans les bois, les branches des arbres les griffent, les malmènent. Ils vont toujours plus loin. Cette course folle dure longtemps. Enfin, essoufflés, ils se laissent tomber près des ruines d'une chaumière. Silencieux, ils récupèrent leurs forces. Tout est redevenu calme.

Le chien ne pourra plus les retrouver.

Garsende croira Alazaïs perdue ou morte. Guilhem et Vital ont sûrement découvert les restes des feux. Ils savent maintenant qu'une troupe est passée là, des hors-la-loi peut-être, capables d'enlever une fille pour la vendre, capables aussi de tuer. À cette pensée, Alazaïs frissonne de tout son corps, l'idée que Garsende va souffrir lui est insupportable. Elle dit sa peine, sa crainte, mais Jordan répond fermement :

— Pourtant, je ne peux pas te laisser partir. Je sais, moi, que tu ne parlerais pas si je te le défendais mais Pierre-Roger de Mirepoix n'admet pas qu'on oublie ses ordres.

— Je ne t'en veux pas, Jordan, nous attendrons le retour des chevaliers.

Alors, Jordan, apaisé, reprend :

— Sais-tu si dans ton village il y a de nombreux ennemis des cathares ?

— Il y a Vital, deux ou trois autres peut-être dont on n'est pas sûr. Le vieux Guiraud a été arrêté et personne ne sait qui l'a dénoncé. Les gens se taisent, ils ont peur.

— Pierre-Roger et ses hommes passeront par Plavilla avant de rejoindre Montségur, il faudra trouver des gens pour les héberger.

Un grand sourire illumine le visage d'Alazaïs.

— Garsende leur ouvrira sa porte. Notre maison est éloignée du village. J'irai devant, je la préviendrai.

Une hâte soudaine s'empare d'elle, elle voudrait que les cavaliers soient déjà revenus pour les servir.

— Quel âge as-tu Alazaïs ?

— J'aurai douze ans à la Saint-Jean d'été.

— Sais-tu que tu es en âge d'être prise et conduite au « mur » ?

— Je le sais.

— Sais-tu que ce « mur » est la plus horrible des prisons, qu'on y laisse croupir les prisonniers, qu'on les torture, que certains perdent la raison ?

— Je sais tout cela, Jordan.

— Tu n'as pas peur ?

— Je crois que je n'ai pas peur de mourir mais j'ai peur de ne pas savoir résister à la souffrance.

Elle passe la main sur son visage comme pour en chasser une image mauvaise et ajoute aussitôt :

— Pourtant j'irai prévenir Garsende, les seigneurs pourront s'arrêter chez nous.

Un mouvement dans la forêt leur fait lever la tête. Ils se terrent derrière les murailles de la chaumière effondrée. Alors, ils voient un jeune garçon courir entre les arbres, sauter les taillis, escalader les mottes de terre qui s'éboulent, dévaler les pentes comme s'il avait le diable à ses trousses.

— C'est Guilhem ! murmure Alazaïs.

Mais les doigts de Jordan lui ferment la bouche.

— Ne crie pas ! lui ordonne-t-il.

Alazaïs, les yeux pleins de larmes, voit Guilhem s'éloigner.

— Pardonne-moi Alazaïs, lui dit Jordan en la délivrant, mais il ne faut pas que l'on sache où tu es.

*
 * *

Les heures ont passé et la nuit est à nouveau là. À l'abri d'un fourré, ils ont ensemble regardé les étoiles et se sont ensemble endormis.

6

La troupe est revenue.

Ceux de Gaja ont ramené bien des objets volés qu'ils échangent à grands cris. Après une brève discussion entre Jordan et les chevaliers de Saint-Martin et de Lahille, Alazaïs est autorisée à courir jusqu'à la demeure de Garsende.

Il ne fait pas jour encore. Tout sommeille dans la petite maison adossée à la colline. Alazaïs n'a pas perdu de temps. Au loin, le village est toujours dans l'ombre de la nuit.

La respiration coupée par sa course folle, Alazaïs se laisse tomber contre la porte qui

résiste. Talpou gémit derrière, elle sait qu'il l'a
reconnue.

— Ouvre Garsende, ouvre !

La porte s'ouvre aussitôt, comme si la
vieille dame n'avait pas cessé de veiller.
Bouleversée, elle reçoit contre elle sa petite
fille qui, le souffle court, lui dit :

— Guillaume Arnaud et le frère Étienne sont
morts ! Tout est délivré et libéré ! Vite,
Garsende, vite, courons à la remise chercher
les fromages et le vin, sortons le pain de la

huche. Pierre-Roger de Mirepoix et quelques-uns de ses hommes vont se restaurer chez nous avant de rejoindre Montségur.

Elles préparent la table comme pour une fête. Bientôt, de la porte entrouverte où elle se tient, Alazaïs voit venir dans le sentier trois hommes conduits par Jordan. Ils ont dissimulé leurs chevaux dans le bosquet. Pierre-Roger pénètre le premier dans la salle.

— Bonjour, vieille femme, dit-il, tu sais ce que tu risques en nous recevant.

Pour toute réponse, Garsende ploie le genou et baise les mains du seigneur de Mirepoix.

Ils s'installent autour de la table. Alazaïs a ranimé le feu. Elle écoute, envoûtée, le long récit sanglant :

— Nous sommes rentrés dans Avignonet par le chemin de l'abattoir. Nous étions une bonne troupe. Les gens de Gaja étaient armés de haches. Un de nos hommes s'était introduit dans le château et nous a ouvert les portes. Alors nous avons pénétré dans la salle où se tenaient les inquisiteurs. Ces maudits se préparaient pour la nuit, ils étaient en chemise. Là, ce fut un beau carnage. Nous les avons tous tués. J'ai brisé le crâne du frère Guillaume Arnaud !

Celui qui parle se tourne alors vers Pierre-Roger de Mirepoix :

— Tu ne pourras pas t'en faire une coupe à boire, Messire !

Et ils partent d'un grand éclat de rire.

Alazaïs sent la nausée lui monter aux lèvres. Tous ces morts ! Toute cette horreur ! Un instant, elle oublie sa haine des inquisiteurs pour ne penser qu'à tout ce sang répandu. Mais le récit repart et ce qu'elle entend la délivre.

— Nous avons déchiré les registres d'inquisition. Les noms de centaines d'innocents ont disparu, nous avons ainsi sauvé de la torture tant d'hommes et de femmes sans défense. Les gens de Gaja ont emporté un butin considérable et nous les avons laissés faire. Dans Avignonet, rien n'a bougé, comme si tous les habitants de la ville nous approuvaient. Nous sommes revenus par le bois d'Antioche. Maintenant nous devons partir, la route est longue jusqu'à Montségur. Jordan, tu nous accompagneras.

Ils s'en allèrent comme l'avait fait Martin le Rouge par le chemin de la colline. Le ciel était de feu, il y aurait du vent ou de la pluie dans la journée.

Jordan partait comme était parti Martin, vers Montségur. Pourtant Alazaïs n'avait pas peur. Elle sentait naître en elle une telle espérance de vie pour son pays.

7

Un temps, tous craignirent les représailles.
On avait vite appris dans tout le pays toulou-
sain, et jusqu'à l'Albigeois, le massacre
d'Avignonet. Les grands seigneurs accusés se
défendirent si bien que l'été 1242 fut pour le
petit peuple l'été du bonheur.

Certains parfaits descendirent même de
Montségur. Garsende, profitant d'une belle
nuit de juillet, s'en alla les « adorer » dans un
petit village du pays d'Olmes.

Les gens s'interpellaient avec de grands
rires. Guilhem était joyeux et Alazaïs chantait
tout au long du jour. Ensemble, ils condui-

saient leurs bêtes dans les pâturages de Gaja ou de Labajou. Ils ramenaient des brassées de bois mort. Dans les chaudes journées de juin, ils avaient lié des gerbes de seigle, porté le grain à moudre au moulin.

Ils étaient plus heureux qu'autrefois, sachant qu'il fallait jouir de ces temps bénis. Lorsqu'ils marchaient dans les collines, seuls, Alazaïs revivait pour Guilhem son aventure de la forêt de Gaja. Elle lui parlait de Jordan. Elle le décrivait comme le plus brave des chevaliers et Guilhem rêvait à de grandes batailles où lui aussi serait un héros.

Ce fut un bel été.

*
* *

Et... à l'automne tout se renversa. Les grands seigneurs durent rendre les armes. Tous les châteaux du Midi furent repris. Il ne resta que Montségur.

Au début de l'année 1243, Montségur, citadelle vertigineuse au-dessus des montagnes, Montségur était devenue l'unique refuge des cathares.

8

Toute la nuit, la neige est tombée en rafales. Alazaïs n'a pas cessé d'entretenir le feu. Garsende est très malade. Sur son visage las de vieille femme, des sillons se sont creusés, que suivent lentement les larmes.

Elle sait qu'elle va mourir. Ses yeux fiévreux supplient Alazaïs.

— Petite, va chercher les bonshommes, murmure-t-elle entre deux quintes de toux.

Alazaïs sait bien qu'elle ne peut refuser. C'est une chose difficile que lui demande sa grand-mère, mais à cet appel, elle doit répondre.

Cet hiver est plus rude que jamais et les inquisiteurs morts ont laissé la place à d'autres inquisiteurs. Dans les villages voisins, trois hommes ont été arrêtés et aussi une femme. Un seul est revenu, amaigri, si faible qu'il ne peut tenir debout quand souffle fort le vent d'autan. Il tremble au moindre bruit, ne parle plus, il se laisse petit à petit dévorer par la peur.

Alazaïs jette sur ses épaules la grande cape sombre de son père, elle enfonce jusqu'aux yeux son bonnet de grosse toile. Avant d'ouvrir la porte, elle remet une bûche dans le feu. Dans le coin de la salle, sur le lit où gît Garsende, danse l'ombre des flammes.

Alazaïs va vers le lit, remonte la couverture, baise le front moite :

— Courage, grand-mère, je serai vite de retour.

*
* *

Tout est silence. La neige, en recouvrant la terre, a endormi le jour. La colline ressemble à un gros chat assoupi. Lorsqu'elle a refermé la porte de la maison, Alazaïs a effrayé une horde de corbeaux posés dans la haie. Ils s'envolent avec des croassements sinistres. Alazaïs frissonne.

Elle hésite un instant, la présence de Guilhem lui serait d'un tel secours, mais aller chercher Guilhem, c'est risquer de rencontrer Vital. Elle doit partir seule.

Elle sait que le parfait Pons et son compagnon ont trouvé refuge dans une chaumière au bois de Malegoude. Il lui faudra deux bonnes heures de marche, plus peut-être si elle veut éviter de passer trop près des fermes. Ses pieds s'enfoncent dans la neige. Elle devra aussi brouiller ses traces pour ne pas risquer d'être suivie. Cela lui prendra plus de temps encore.

Elle avance lentement, la neige n'est pas très profonde mais l'inquiétude lui fauche les jambes.

*
* *

Le jour se lève à peine, un triste jour de fin du monde. Du côté du village, pas un bruit. Le ciel est lourd. Quelques flocons volent encore, épais, à la limite de la pluie.

Elle a pris le chemin de la colline. Elle devine déjà la ferme de Guiraud, enfouie dans

un bosquet. Là, elle pourrait se reposer. La vieille Mabélia, qui vit seule depuis l'arrestation de son homme, l'accueillerait. Mais elle ne doit pas s'attarder.

Devant elle, s'étend la lande infinie.

Sur les branches des bouleaux squelettiques sont perchées des corneilles. Alazaïs s'arrête pour reprendre souffle et les oiseaux qui n'avaient pas bougé à son approche se dispersent soudain avec des cris affolés. Au même instant, venu de la forêt lointaine, Alazaïs reconnaît le hurlement des loups. Tout son corps tremble. Elle saisit dans ses doigts crispés la longue robe qui l'entrave et se met à courir vers le village de Malegoude.

*
* *

Elle est tout près des jardins. Accroupie pour ne pas être vue, elle longe les murailles. Le jour est tout à fait levé.

De chaque maison sort une fumée rousse, celle des matins froids. Un chien vient vers elle sans aboyer. Elle passe dans son pelage noir une main apaisante. L'animal, à grands coups de langue, caresse son visage. Elle a envie de se coucher là avec cette présence

amie, de s'endormir, d'oublier Garsende mou-
rante et l'inquisition et la peur. Mais elle se
relève et chasse le chien.

Il faut qu'elle arrive à temps, il faut qu'elle
arrive à temps. Garsende, avant de mourir,
doit recevoir le « consolamentum », elle doit
partir au ciel « consolée ». Alazaïs sait qu'elle
va trouver les parfaits. De toute la force de son
cœur elle veut croire qu'elle arrivera avant la
mort.

Elle saute les taillis bas, elle a repris
confiance. Le refuge des bonshommes ne doit
plus être loin maintenant. Deux sentiers partent dans la forêt, lequel prendre ? Elle choisit
l'un puis revient sur ses pas. Rien sur la neige,
pas une trace. Elle s'arrête, écoute. Pas un
souffle de vent. Seulement le ciel bas.

— Seigneur Dieu, aide-moi, dit-elle à mi-
voix, tu sais bien, toi, que Garsende ne peut
pas mourir sans réconfort.

Elle repart sur le sentier le plus petit, traî-
nant derrière elle une branche légère d'arbuste
qui efface ses pas. Là, au milieu d'un fouillis
de broussailles, elle découvre enfin les murs
en torchis de la cabane. Et soudain Alazaïs a
peur, cette peur affreuse du silence. Et si elle
arrivait trop tard, si les parfaits étaient repartis !

Elle avance sans prendre de précautions,

toute préoccupée qu'elle est par la crainte de trouver la chaumière vide. Elle pousse la porte et, dans un coin obscur, elle devine les deux hommes. Ils prient. Elle va jusqu'à eux, tombe à genoux, suppliante :

— Vite, saints hommes, vite, ma grand-mère Garsende, du village de Plavilla, va mourir ; elle vous demande.

*
* *

Pons prend dans une niche creusée dans le mur le Livre saint. Lui et son compagnon sont prêts. Ils ont rabattu sur leur front le capuchon de leur manteau et fermé la porte.

Maintenant, ils marchent devant Alazaïs à grandes enjambées silencieuses. Ils marchent longtemps. À nouveau, aux confins de la forêt, on entend le hurlement des loups. Les deux hommes ne lèvent même pas la tête, ne précipitent pas leur marche et Alazaïs sent une grande paix l'envahir.

Juste avant l'heure de la mi-journée, ils poussent la porte de la maison. Ils n'ont croisé personne sur leur route.

Garsende les a attendus, retenant sa vie. Elle lève ses lourdes paupières livides, une joie brutale fait briller ses yeux.

— Je vous reçois, murmure-t-elle.

Les bonshommes la saluent. Ils posent le Livre saint sur la tête de la vieille femme et prononcent les paroles :

— Père saint, accueille ta servante.

*
* *

Garsende a reçu le pardon ; « consolée », elle peut mourir.

Les deux parfaits sont restés près d'elle jusqu'au soir et, la nuit venue, contrairement à toute attente, Garsende a repris des forces. Sa respiration est redevenue normale, la fièvre est tombée.

Alazaïs, émerveillée, caresse son visage.

— Tu vas vivre, grand-mère, les saints hommes t'ont délivrée du mal.

La vieille femme soupire, il lui faudra donc reprendre cette aventure difficile qu'est devenue sa vie en ces temps maudits.

*
* *

Au plus profond de la nuit les parfaits partirent. En remerciement, Alazaïs leur donna la cape de son père Martin le Rouge.

En refermant la porte sur eux, elle crut voir une ombre se faufiler entre la grange et le bosquet mais elle n'était pas sûre. Cette étrange soirée l'avait tant troublée. Elle n'en dit rien à Garsende pour ne pas l'effrayer.

9

Si Garsende a retrouvé sa belle santé, elle paraît chaque jour plus détachée des choses de ce monde. L'angoisse l'a quittée. Lorsqu'elle apprend que le nouvel inquisiteur a fait arrêter le meunier, elle ne s'alarme pas. Plus jamais elle ne met en garde Alazaïs comme elle le faisait autrefois. Elle paraît déjà ailleurs. Et un soir :

— Je vais partir, Alazaïs, dit-elle, je veux rejoindre Montségur.

Rien ne peut plus la retenir, ni personne.

Dans l'étable, séparée de la salle par une porte basse, Guilhem est venu retrouver

Alazaïs comme il le fait souvent. Ils traient ensemble les bêtes, ils changent la litière de feuilles et enfin Alazaïs lui dit ce qui depuis quelques jours la tourmente tant :

— Guilhem, il faut que tu nous aides. Garsende veut gagner Montségur. La route est longue et périlleuse, je crains de ne pas savoir la mener si loin toute seule.

Guilhem réfléchit. Son gai visage de petit pâtre tranquille s'obscurcit.

— Mon père doit partir quelques jours à Carcassonne pour une affaire, je ne sais pas laquelle, il faudrait profiter de son absence. Mes frères soigneront le bétail.

— Dès que Vital sera parti, fais-nous un signe. Nous serons vite prêtes.

Elle se penche, elle est déjà plus grande que le garçon bien qu'ils aient le même âge. Elle pose sur la joue de Guilhem un baiser léger comme un duvet d'oiseau :

— Merci, Guilhem.

Le garçon rougit de bonheur et ne sachant comment répondre à cette tendresse, il bouscule Talpou qui sommeillait dans le chaud de l'étable. Le chien sort en couinant. Alazaïs rit.

Deux jours plus tard, au petit matin, Garsende et Alazaïs voient Vital, le père de Guilhem, s'en aller vers Carcassonne. Il a la tête basse, les yeux fuyants de ceux qui vont trahir.

Elles ramassent leurs maigres bagages. Guilhem apparaît presque aussitôt.

— Je crois qu'il est temps de t'enfuir Garsende, dit-il, j'ai entendu mon père te maudire.

10

Le printemps vient à peine de naître. L'herbe toute neuve est douce aux pieds. Dans la nuit pure il n'y a pas un nuage. Ils se guident aux étoiles.

Guilhem conduit les deux femmes. Il a pris le pas lent des montagnards pyrénéens qui semblent toujours marcher à regret. Il sait qu'à cette condition seulement Garsende arrivera jusqu'à Montségur.

Il évite la chaumière de Berdoulet où, dit-on, le toit se soulève les nuits sans lune. Terrifié, il fait le signe de croix. Garsende, qui l'a vu, hausse les épaules.

— Marche, garçon, ce ne sont pas ces sor-
cières-là qu'il faut craindre.

À Espinous, ils longent le mur du cimetière.
Un chien aboie au cœur du hameau et puis se
tait.

Ils doivent s'arrêter souvent pour que la
vieille femme reprenne des forces. Avant le
jour, ils traversent Mirepoix, passent la rivière.
Au premier chant du coq ils sont à Queille. Là
sera leur première étape.

*
* *

Une petite maison au bord du ruisseau,
toute pleine de chants d'oiseaux. Une femme
les attend. Elle a le regard clair et joyeux d'un
petit enfant. Elle les reçoit avec des rires,
comme si la guerre, l'inquisition, la peur,
n'existaient pas pour elle.

Cette jeune cousine de Garsende porte un
joli nom qui lui va bien. Séréna baise avec respect les doigts de Garsende, elle envoie voler
avec malice le bonnet du garçon, lui ébouriffe
les cheveux et serre longuement contre elle
Alazaïs. La jeune fille ferme les yeux de bonheur, elle est si avide de joie, de gaieté.

Ils passent la journée entière entre sommeil

et veille. Chaque fois qu'elle ouvre les yeux, Alazaïs contemple avec délice le bon visage de Séréna. Elle écoute ses chansons fredonnées et pense que la religion cathare peut être douce et heureuse.

Guilhem et Alazaïs s'attarderaient bien dans cette bonne maison mais le temps presse. Séréna retrouve une voix grave pour expliquer les événements. Elle a vu passer des troupes d'hommes, chevaliers du Nord, sergents d'armes, chevaux. Elle pense que la citadelle va être assiégée mais elle sait aussi que l'on peut encore y monter. Elle connaît trois hommes qui y sont rentrés et qui en sont revenus. Il faut se hâter.

La nuit venue, ils repartent. Ils passent au loin de Lavelanet et entament la rude montée vers Montferrier. Ils ne sont plus loin maintenant et Garsende, bien qu'épuisée, voudrait finir le voyage mais Guilhem a pris son rôle très au sérieux et avec la sagesse du guide lui ordonne de s'allonger à l'abri d'un grand arbre. Là, les deux enfants la recouvrent de tout ce qu'ils ont emporté de vêtements. Le chemin qui leur reste à parcourir est le plus difficile.

Tandis que la vieille et l'enfant se sont assoupies, Guilhem part en reconnaissance.

Il s'approche au plus près du pic orgueilleux. Son cœur bat. Les yeux levés vers le château, il est ébloui. Il vient de découvrir le paradis vrai.

Dans la prairie, au bas de la montagne, il y a un beau remue-ménage d'hommes et de bêtes. Avec son allure de pastoureau, Guilhem va musarder au milieu de la troupe. Tout seul, il ne craint rien. Il s'approche des groupes formés autour des feux. Un homme roux, grand et fort comme un roc, lance :

— Avant la Saint-Jean, nous aurons retrouvé nos belles plaines du Nord. Ils vont sécher sur leur rocher.

— C'est sûr, il vont crever de soif !

— De toute façon, ils vont rôtir.

Ils rient.

— Taisez-vous donc ! Il y a là-haut beaucoup de braves gens qui se convertiront peut-être, la peur du feu est terrible. Ils changeront d'avis et reviendront à la religion catholique.

— N'y compte pas. À Minerve, ils se sont tous jetés dans les flammes en chantant.

Guilhem peut s'éloigner, il préfère ne pas trop attirer l'attention des soldats sur lui. Il a repéré, au-delà de la dernière tente, un grand espace libre abrité de hêtres et de sapins. C'est par là qu'ils devront passer lorsque la nuit sera venue.

11

Ils marchent sans bruit depuis près d'une heure. Garsende paraît avoir retrouvé sa jeunesse. La nuit est plus claire qu'il ne faudrait. La masse sombre de la montagne sainte lèche le ciel.

Alazaïs trébuche. Elle ne peut plus détacher ses yeux du rocher mystérieux.

Ils avancent. Des feux dispersés dans la prairie montent encore quelques lueurs. Tout sommeille sous les tentes. Alazaïs marche la dernière quand une poigne de fer s'abat sur son épaule.

— Qui va là ?

Tous trois s'arrêtent, interdits.

— Pitié, dit Alazaïs qui la première a retrouvé son courage, laisse-nous passer, nous conduisons ma grand-mère là-haut, ensuite nous redescendrons.

Elle le regarde au fond des yeux et ce qu'elle peut voir du visage de l'homme la rassure. Il a un bon regard de chien fidèle. Alors, comme par défi, plus sûre d'elle déjà, elle ajoute :

— Tu pourras faire ce que tu voudras de nous à notre retour.

Bourru, il répond :

— Montez, et lorsque vous redescendrez, passez par le sentier le plus au nord. Vous, petits, ne restez pas là-haut.

Il encense de la tête comme un vieux cheval avant de poursuivre :

— Cette affaire va mal tourner. Il y aura beaucoup de malheur.

*
* *

Garsende la première est repartie d'un pas sûr, comme si la rude sente qu'elle s'apprête à grimper n'était rien d'autre que le chemin de sa maison. Guilhem a pris la main d'Alazaïs, il ne voit pas bien ses yeux dans l'obscurité mais il devine qu'elle sourit.

Ils montent, attirés par cette citadelle comme le sont les oiseaux par la chaleur du nid.

Enfin, ils passent sur un petit pont mobile qui enjambe un maigre fossé. Au-delà, la muraille est immense, la porte énorme.

Le silence ici est plus beau que dans la plaine. Ils se retournent tous les trois comme le font ceux qui ont terminé le voyage. À l'est, le ciel s'éclaircit. Au bas de la montagne rien n'a encore bougé. Les feux sont éteints.

12

Ils frappent à la porte. Elle s'ouvre aussitôt. On ne leur pose pas de questions, la crainte n'existe pas dans cette demeure.

Des hommes sont couchés pêle-mêle dans la vaste cour. Dans un coin près du mur il y a des femmes endormies.

Ils rentrent comme s'ils étaient attendus. Une toute jeune femme vient vers eux :

— Soyez les bienvenus, dit-elle doucement pour ne pas troubler le sommeil des autres. Je m'appelle Bruna. Venez, cet angle-là de la cour est assez sinistre mais vous pourrez vous reposer avant que l'animation de la journée ne vous en empêche.

Ils s'allongent et s'endorment immédiatement.

À leur réveil, ils retrouvent la présence amie de Bruna. Dans la cour, il y a un grand mouvement. Des hommes et des femmes s'interpellent comme ils le feraient sur la place du marché à Larroque d'Olmes. Des odeurs de victuailles viennent agacer les narines des deux enfants.

— Venez donc vous restaurer ! leur crie une femme.

Ils répondraient bien à cet appel mais Bruna les entraîne vers le donjon :

— Bertrand Marti va parler comme il le fait tous les jours à cette heure de la matinée.

Alazaïs sent un flot de larmes noyer ses yeux. « Mon père a sauvé cet homme, songe-t-elle, il a donné sa vie pour lui sur la route de Mirepoix. » Son cœur se serre.

Elle sait combien son père était valeureux. S'il était vivant, c'est dans cette citadelle qu'il serait aujourd'hui, auprès de Pierre-Roger de Mirepoix, pour défendre ses amis les cathares. À sa mère, morte à sa naissance et si vite remplacée par Garsende, elle ne pense presque jamais, mais ce père tant aimé, comme il lui manque !

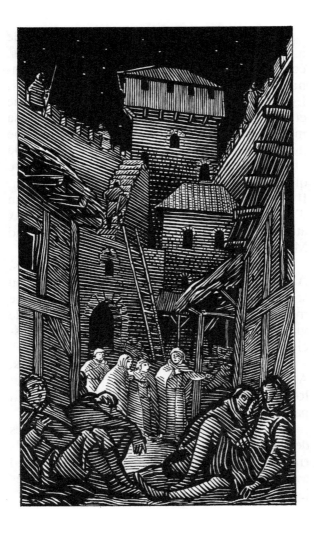

Dans la grande salle du donjon que la foule a envahie, grandes dames et arbalétriers, écuyers et parfaits sont mêlés. Alazaïs reconnaît Pierre-Roger de Mirepoix et aussi Esclarmonde de Péreille que l'on dit infirme et qui se tient toute frêle dans le giron de sa mère Corba. Il y a là aussi Pons, le bonhomme du bois de Malegoude, India de Fanjeaux et la vieille Marquésia. Beaucoup d'autres encore qu'elle a connus, dont elle a entendu parler. Il fait bon, le cœur au chaud comme au sein d'une grande famille. Tous ces gens silencieux attendent le chef de l'Église cathare : Bertrand Marti.

En se dressant sur la pointe des pieds, Alazaïs peut l'apercevoir. Il est vêtu de bleu sombre. C'est un homme sec comme un orme mort, mais de son regard jaillit une flamme de vie. Sa parole est de miel, tous l'écoutent, fascinés.

Le sermon a peut-être duré longtemps, Alazaïs ne s'est pas ennuyée un instant et lorsqu'elle regagne la cour, l'animation lui paraît bien grande.

Elle retrouve Guilhem entouré des femmes des soldats qui le questionnent avec de grands rires. Lui, fier comme un petit coq, répond avec insolence. Il est si drôle que les rires des jeunes femmes redoublent.

Bruna et Alazaïs le prennent chacune par une main et malgré les protestations de ses nouvelles compagnes, l'entraînent hors les murs du château.

*
* *

Dans la ruelle des parfaites, Bruna leur montre une minuscule cabane, libre encore, où pourra habiter Garsende. L'unique pièce est sombre, le jour n'y pénètre que par la porte. Dans un coin, il y a un foyer entre deux pierres et pour tout mobilier un grabat et un vieux coffre.

C'est un vrai petit village accroché à la montagne. Les cabanes des parfaites, et plus loin celles des parfaits, sont serrées les unes contres les autres, on les croirait inaccessibles à la guerre.

13

Avant de quitter Montségur, Alazaïs décide
de parcourir la montagne sainte, de tout
connaître pour ne rien oublier lorsqu'elle aura
regagné sa maison.

Elle passe la barbacane de l'est et emprunte
le sentier qui descend vers le roc de la tour.
Elle sait qu'elle ne pourra pas s'aventurer au-
delà, parce qu'au-delà c'est l'abîme. Elle se
réjouit de ces quelques instants de solitude.
L'exubérance de Guilhem dans ce lieu paisible
lui pèse un peu. Elle l'aime avec une tendresse
de grande sœur, mais elle se sent déjà tellement plus adulte que lui. Elle sourit en son-

geant que la compagnie de la joyeuse Bruna
doit être bien agréable à son gai luron.

La courbe du sentier l'entraîne et... là où
aucune chèvre n'oserait passer, sur l'à-pic ver-
tigineux, collé au rocher, Alazaïs aperçoit un
homme seul. Elle retient son souffle. Dans sa
poitrine, c'est le tumulte. Elle croit déjà le voir
basculer dans le gouffre quand il se redresse et
saute dans le sentier à un trait d'arbalète de
l'enfant pétrifiée.

— Jordan !

Alazaïs court et se jette contre lui.

Dans un torrent de paroles elle lui raconte le
long voyage, les périls qu'ils ont courus tous
les trois. Elle exagère un peu ces périls pour
que Jordan n'ignore rien de son courage. Et
lui :

— Holà ! ma vaillante ! Avec de pareils guer-
riers Montségur n'a plus rien à craindre !

Il rit.

Alazaïs rougit. Elle a mis trop de fougue
dans son discours comme si tous ces mots
pouvaient calmer les battements de son cœur.
Elle contemple son soleil revenu, le héros de
tant de rêves, et lui, fat comme le sont tous les
fils d'Occitanie, se laisse admirer.

— Tu as grandi, Alazaïs. Tu es belle. Tes yeux
gris ressemblent aux lacs de la montagne,

cette montagne-là, dit-il en désignant un sommet au-delà du ravin. Ce sont des lacs terribles dans lesquels il ne faut jamais lancer de pierres.

— Comment se nomme cette montagne ?

— Le Saint-Barthélémy.

— Qu'arrive-t-il si on y lance des pierres ?

— On ne retrouve plus jamais son chemin.

Il prend la main d'Alazaïs et, sur les doigts ouverts, il pose un long baiser :

—J'ai bien peur de me perdre dans tes yeux aussi.

Devant tant de bonheur, Alazaïs chancelle. Jordan la serre contre lui et doucement à son oreille, il dit :

— Lorsque cette méchante guerre sera terminée, Alazaïs, je t'épouserai. Tu auras alors une année de plus ou deux, tu seras plus belle encore. Nous vivrons sur notre bonne terre, là-bas dans les collines, libres enfin, débarrassés de tous ceux-là qui nous veulent du mal.

Tenant Alazaïs par la main, il s'avance au bord du vide et montre la vallée où l'effervescence a repris. Ils restent un long moment ainsi silencieux. Ils se rassasient de leur bonheur tout neuf et de cet horizon immense, là, sous leurs regards, cet amoncellement de collines jusqu'au-delà de Mirepoix, jusqu'à chez eux.

— Garsende a choisi de rester ici et de finir s'il le faut sa vie au milieu des parfaits, mais toi et Guilhem vous devez quitter la citadelle, retrouver votre village le plus vite possible. Le siège sera long et sans doute difficile.

— Mais toi Jordan ? Toi ?

— Je te rejoindrai dès que tout sera fini. Je te le promets.

Et voyant la tristesse monter sur le visage de l'enfant, il lui dit, comme on murmure une berceuse :

— Je t'aime tant, petite Alazaïs, cet amour me protégera.

*
* *

Dans le chemin de la tour, ils voient venir Bruna et Guilhem, rieurs tels de bons compères.

— Vite, Alazaïs, crie Guilhem dès qu'il l'aperçoit, Arnaud Domerc, l'homme de Bruna, doit partir à Larroque d'Olmes où, lui a-t-on dit, sa mère est sur le point d'expirer. Il va faire avec nous un bout de route. Ce sera plus facile. Il est sergent d'armes, c'est un solide gaillard.

Guilhem salue Jordan, tout à coup intimidé devant ce chevalier si brave et si fort qui fait partie des défenseurs de Montségur.

— Guilhem, dit celui-ci avec un sérieux qui fait s'enorgueillir le garçon, je te confie Alazaïs, tu dois la protéger toujours. C'est à toi que je la confie, à toi seul. Maintenant il est temps de quitter Montségur.

14

Comme le leur avait recommandé le soldat, ils passent plus au nord pour ne pas risquer de rencontrer une troupe. Ils descendent sans encombre.

Arnaud Domerc est un taciturne. La gaieté de sa jeune femme n'a pas encore déteint sur lui. Alazaïs et Guilhem n'osent pas parler trop haut. Parfois, considérant la mine revêche de leur guide, ils se poussent du coude comme des gamins malicieux.

Alazaïs, qui porte dans son cœur un si doux secret, a retrouvé sa bonne humeur. Guilhem, lui, est bien content à l'idée de revoir son village, sa mère, ses frères, ses bêtes aussi. Encore une fois, il chasse la crainte qui le tourmente. Il est presque certain que Vital, son père, a dénoncé Garsende. Qu'a-t-il fait, qu'a-t-il dit au terme de son voyage à Carcassonne ? Et pourquoi ce voyage sinon pour accuser sa voisine d'hérésie ?

Mais, parce qu'il est d'un naturel heureux, Guilhem se réjouit du bon tour qu'il a joué à son père en éloignant Garsende. Les soldats de l'Inquisition se casseront le nez sur la ferme vidée de son hérétique.

— Qu'as-tu à rire, garçon ? demande Arnaud Domerc.

— Ce n'est rien, je songeais à mon père.

— C'est un bon croyant cathare ?

— Non.

Le subit mutisme de Guilhem étonne le sergent d'armes mais il comprend vite et ajoute sourdement :

— Tu n'es pas le seul, va, elles sont nombreuses les familles désaccordées où le père est mauvais croyant, délateur, parjure et la mère ou le fils amis des cathares.

— Cette maudite Inquisition a divisé nos familles.

— La peur est mauvaise conseillère, petit, mais tu ne dois pas rejeter ton père, peut-être

un jour reviendra-t-il à de meilleurs senti-
ments.

Alazaïs n'écoute pas la conversation des
deux hommes. Son rêve est ailleurs, là-haut à
Montségur. « Je t'épouserai » a dit Jordan.
Une année ou deux, le temps passera vite.

Depuis qu'ils marchent côte à côte avec
Arnaud Domerc, ils ont appris à connaître cet
homme. Il est bon, rude aussi, mais comment
ne pas l'être avec cette guerre qui change trop
souvent les bons en méchants ?

Lorsqu'ils doivent le quitter aux portes de
Larroque d'Olmes, ils ont un peu de chagrin.

— Au revoir, enfants, et peut-être à un jour, à
Montségur, si vous revenez voir Garsende. Ma
femme sera heureuse de vous retrouver, j'ai
bien vu que vous formiez de joyeux compagnons.

*
* *

Alazaïs et Guilhem ne s'arrêtent pas à
Queille chez Séréna. Ils sont maintenant
pressés de rentrer. Ils s'accordent quelques
courts instants de repos dans un bois à
quelques lieues de Mirepoix et repartent,
ragaillardis.

Ils arrivent aux abords d'Espinous alors que le soir tombe. Deux chiens viennent vers eux en montrant leurs crocs.

— Sales bêtes ! dit Guilhem prêt à leur jeter des cailloux.

— Laisse, regarde, ils se calment, et Alazaïs caresse la tête de la femelle venue se coller à elle.

La chienne a des mamelles si longues qu'elles touchent presque le sol.

— Elle a des petits sans doute, c'est pour ça qu'elle est sur ses gardes, elle aussi a peur. Tiens, regarde la fumée chez la vieille Mabélia, on s'arrête ?

— Non, j'ai hâte de savoir si mon père est rentré.

— Guilhem, dis-moi, que crains-tu ?

— Rien, ne t'inquiète pas, Garsende est en sécurité à Montségur.

Alazaïs se tait mais un grand frisson court dans son dos, froid comme ces serpents qui logent sous les pierres au plus chaud de l'été.

*
* *

Du haut de la colline, ils aperçoivent enfin le village tassé autour de l'église trapue. Un village paisible qui a toujours l'air de sommeiller à l'abri de ses cyprès.

Un instant, ils s'arrêtent et contemplent ce qui est à eux. De revoir ce village, ces fermes, cette terre, leur réchauffe le cœur.

— Nous voilà chez nous, Alazaïs, il va falloir t'habituer à vivre sans Garsende, je t'aiderai.

Talpou court vers elle. Elle se baisse, se laisse bousculer par le chien fou. Elle rit, heureuse de ces retrouvailles.

— Calme, Talpou, calme, tu vois, je suis revenue. Comment vont les brebis ?

Il aboie trois fois comme pour mieux se faire comprendre.

La maison est froide, presque sinistre. Ces fermes isolées supportent mal qu'on les abandonne. On dirait qu'elles se laissent mourir.

Alazaïs va vers la grange où elle sait trouver la douce présence des moutons. Vers elle, ils tournent leurs gros yeux globuleux sans cesser de ruminer. Elle tend la main vers l'agneau le plus jeune mais d'un bond gracieux il se dérobe.

— Viens, viens, lui dit-elle avec un étonnant besoin de tendresse.

Le petit animal est allé s'abriter sous le ventre de sa mère et Alazaïs sent des larmes lui monter aux yeux. « Je suis seule » songe-t-elle, et elle essuie ses joues mouillées.

Elle sort de la grange et va prendre du bois au fond de la cour. Il ne sera pas facile de rallumer le feu.

Une longue soirée commence. Pour ne pas se remettre à pleurer, Alazaïs décide de ranger la maison comme pour une fête, la fête du retour de Jordan.

— Mon bien-aimé, murmure-t-elle, demain j'irai chercher les premières campanules. Ma maison sera belle. J'apprendrai tous les jours à la préparer pour toi.

15

Au petit jour, Guilhem est là. On dirait presque qu'il a vieilli en une nuit. Sur son front d'enfant, deux rides ont apparu qui suffisent à lui donner un air sévère.

— Je ne pourrai pas venir t'aider aujourd'hui, Alazaïs. Mon père m'envoie à Fanjeaux chercher deux chèvres qu'il sait belles. Je rentrerai tard.

— Pourquoi ce visage sombre, mon petit Guilhem ? Ne t'inquiète pas, je me débrouillerai très bien. D'abord, je dois remettre en ordre cette maison.

Le regard de Guilhem parcourt la salle.

— Mais elle est très propre ta maison.

—Non, tu verras, lorsque tu reviendras tu trouveras un changement.

Il hausse les épaules en pensant que c'est bien là une idée de fille. Mais après tout, si cela lui évite de se sentir trop seule !

Il a hâte d'être revenu. Ce voyage précipité à Fanjeaux ne lui plaît guère. L'autorité de son père, Vital, lui pèse. Ils ne s'entendent plus du tout. La colère éclate entre eux sans cesse pour des peccadilles. Il en vient à détester ce père qu'il aimait tant autrefois.

— À ce soir Alazaïs.

— À bientôt Guilhem.

Il claque la porte avec une brutalité qui ne lui est pas habituelle. « Décidément, pense Alazaïs, il n'est pas de bonne humeur ce matin. Cette course jusqu'à la ville le calmera peut-être… »

*
* *

Après avoir soigné les bêtes, elle balaie soigneusement la salle. Il est temps d'aller cueillir des fleurs. Elle sait qu'elle en trouvera au bord de la source.

Elle prend son capulet et… à ce moment-là

on frappe à grands coups. La porte s'ouvre, poussée avec force. Deux hommes se tiennent sur le seuil. Alazaïs sent tout son corps se figer, devenir comme une branche morte, une fleur séchée.

— Alazaïs, fille de Martin le Rouge, tu es citée à comparaître devant le tribunal de l'Inquisition.

Alazaïs a froid, tellement froid soudain, ses dents claquent. De sa gorge serrée, pas un sanglot ne sort, pas un cri. Talpou est venu se frotter à ses jambes, il a compris combien sa maîtresse a besoin de chaleur. Apeuré, il gémit. Alors un soldat, celui dont le regard ne cille pas, lui envoie un violent coup de pied. Le chien, queue basse, longe les murs jusqu'à la porte restée ouverte et s'enfuit.

— Presse-toi, nous devons te conduire à Pamiers.

« Jordan, pense-t-elle, Jordan, viens à mon secours. » Mais elle est seule comme jamais elle ne l'a été. Elle sait maintenant pourquoi on a éloigné Guilhem. C'est Vital qui l'a dénoncée et il savait que les soldats de l'Inquisition viendraient aujourd'hui.

La douleur d'Alazaïs est plus grande encore lorsqu'elle songe au désespoir de Guilhem devenu en une nuit le fils d'un traître.

16

« On les appelle "les chiens de Dieu",
prends garde aux moines prêcheurs » disait
Garsende. Et voilà qu'Alazaïs est en marche
vers leur tribunal. Elle trouve la route longue.
Dans sa tête, c'est le désert. Elle ne pense à
rien, ne ressent rien. Mais voilà qu'en croisant
une vieille qui revient de son champ, elle
l'entend murmurer : « Pauvre enfant ! »

Un élan de tendresse la pousse vers cette
femme qui pourrait être sa grand-mère, pourtant, elle garde les yeux baissés et retient ses
larmes.

Ils sont aux portes de la ville avant la nuit.

On la conduit dans une salle voûtée. Là, se

trouvent déjà deux hommes et trois femmes. Personne n'a ouvert la bouche. Une des femmes, jeune encore, sanglote doucement. Alazaïs va vers elle et prend sa main pour la serrer mais l'autre la repousse, comme si elle voulait se recroqueviller sur sa terreur.

Un homme s'avance, un vieux paysan qui a dû être serein et joyeux, il reste encore tant de chaleur dans sa voix :

— Petite, dit-il, il faudra essayer de ne pas raconter ce que tu sais. Ce ne sera pas facile, les bougres savent faire parler.

Elle attend depuis longtemps lorsqu'on vient la chercher pour la conduire dans une autre salle, plus petite. Là, sont assis deux moines. « Voilà, songe-t-elle, voilà ces maudits. Maintenant je ne peux plus fuir. Martin, mon père, donne-moi ton courage, je veux être digne de toi. »

— Alazaïs, fille de Martin le Rouge, tu es née et tu habites au village de Plavilla. Ton père est mort à Mirepoix en 1241. Ce jour-là, le jour de sa mort, il conduisait deux hérétiques vers Montségur. C'est bien cela ?

Il a murmuré les derniers mots avec beaucoup de douceur. Alazaïs lève les yeux, étonnée. Dans la voix, dans le regard de l'homme qui interroge, elle croit reconnaître de la bienveillance. « Ces hommes sont-ils réellement les démons dont on a tant parlé ? » Un doute s'insinue en elle.

— Réponds, reprend l'inquisiteur.

— Oui.

— Où se trouve ta grand-mère, Garsende ?

Un instant elle se sent flotter, et que répondre à cet homme qui sait tout ? Comment mentir et pour protéger qui ? Garsende est à l'abri dans la citadelle.

— Ma grand-mère est à Montségur.

Le moine fronce les sourcils. Un instant, Alazaïs devine la colère dans son regard, mais ce n'est qu'un éclair. Il reprend, la voix douce :

— Les hérétiques sont venus la voir, ils sont restés toute une journée. C'était au début de l'hiver, ne nie pas, on les a vus.

Elle n'avait donc pas rêvé, l'ombre qu'elle avait vu bouger derrière la grange le soir du « consolamentum », c'était Vital.

— Les bonshommes sont venus dans notre maison, oui.

Elle ne peut pas mentir, elle ne sait pas. Les mots sortent de ses lèvres sans peine, comme attirés par cette voix suave qui reprend :

— Dis-nous qui est allé chercher les hérétiques ?

— Moi, sur la demande de ma grand-mère.

— Comment se nommaient-ils ?

Elle hésite. Mais elle a vu Pons à Montségur, il ne risque rien, elle peut donner son nom.

— On disait qu'il s'appelait Pons.

— Et son compagnon ?

— Je l'ignore.

Le visage de l'inquisiteur devient grave.

— Fais attention de ne pas nous tromper.

— Il est vrai que je ne connais pas son nom.

— Bien, nous reprendrons cet interrogatoire dans huit jours.

*
* *

« Tu as l'âge d'être conduite au mur » lui avait dit Jordan dans la forêt de Gaja. Elle entend se refermer la porte du cachot. Elle est au mur.

Il y a là une seule femme. Elle est sans âge, maigre, le visage si las, si creux qu'il paraît être celui d'un cadavre. Les yeux sont fous.

— Qui es-tu ? demande Alazaïs.

D'abord, l'autre ne répond pas, puis d'une voix caverneuse dit :

— Arnaude.

Et tout à coup c'est un flot de paroles qui surgit de cet être misérable :

— Tu dois avouer, tu dois dénoncer, renier. Il faut que tu sortes, il faut que tu revoies le jour. Tu es trop jeune pour mourir. Donne les noms des parfaits que tu connais.

— Mais pourquoi ? Pourquoi ?

— Ainsi ils te laisseront libre.

— Mais c'est mal d'agir comme cela.

— Il faut le faire sinon ils te feront griller sur un bûcher. Tu ne sais pas ce que c'est de brûler vive, ta chair tombera en lambeaux, tout ton sang s'en ira. Tu souffriras tant que tu appelleras la mort à grands cris mais elle viendra bien trop lentement.

Alazaïs sent son cœur s'emballer. Terrorisée, elle bouche ses oreilles mais elle entend encore la femme qui répète :

— Il faut dire ce que tu sais. C'est le seul moyen de rester vivante.

Dans la cabane du bois de Malegoude, après le départ de deux bonshommes, se sont installées deux parfaites. Alazaïs le sait, elle connaît leurs noms. Ce serait si facile de les donner aux inquisiteurs. Mais elle pense à Martin, à Garsende. Non, elle n'a pas le droit de trahir.

17

À la même heure, dans la maison d'Alazaïs, Guilhem est assis devant le feu éteint. Talpou lèche ses mains qui tremblent. Deux grosses larmes roulent sur ses joues. Guilhem sait, il a compris.

En revenant de Fanjeaux, il a entendu, de loin, les aboiements furieux du chien. Il a vu son père armé d'une hache courir derrière l'animal. Il n'a eu que le temps de faire entrer Talpou dans la maison. Vital a alors rebroussé chemin en grommelant. Guilhem a poussé la porte et vu la salle vide. Il a senti s'impatienter les bêtes dans l'étable proche.

Il sait qu'Alazaïs a été arrêtée. Il sait que son père est un délateur.

Il n'aurait jamais cru qu'une souffrance si grande puisse exister. Il se tord les mains, il gémit, il cogne son front aux murs. Il a tellement mal. Alors il sent la colère monter dans sa tête, une grande colère d'homme. Il faut qu'il fasse quelque chose.

Punir Vital ne délivrerait pas Alazaïs. Il faut trouver un autre moyen. Il essuie ses larmes avec hargne.

*
* *

Chez lui, tous sont autour de la table. Ses frères, sa mère, mais aussi son père. En le fixant dans les yeux, Guilhem dit :

— On a emmené Alazaïs.

Personne ne répond, le silence est lourd.

— Mange ta soupe, dit timidement sa mère.

Il va près du feu où bout le chaudron, se sert une grande écuelle et s'assied sur le banc de la cheminée.

— Pourquoi ne viens-tu pas à table avec nous ?

— Je ne veux pas manger avec vous !

Il a pensé : « Je ne veux pas manger avec un traître » mais en voyant le regard malheureux de sa mère, il n'a pas eu le courage de parler.

Vital n'a pas bronché et les petits se taisent.

Sur la paillasse qu'il partage avec ses frères, longtemps Guilhem est resté les yeux ouverts. Sur le matin, il s'est endormi. Son père est parti aux champs sans le secouer.

Ainsi, quelques jours ont passé. Entre l'homme et l'enfant, il n'y a pas eu une parole.

Tous les matins et tous les soirs, Guilhem est allé soigner les moutons d'Alazaïs. Dans la grange, il retrouve Talpou qui, museau entre les pattes, sommeille tout le jour. On dirait qu'il a renoncé à remuer. Guilhem le caresse :

— Tu vas voir, Talpou, ce que nous allons faire tous les deux. Maintenant que Vital ne se méfie plus, nous pouvons partir. Cette nuit sera la nôtre...

18

Sans bruit il se lève et enfile ses chausses. Il sait comment éviter le grincement de la porte. Le lit de ses parents est au fond de la pièce. Malgré l'obscurité, il devine le regard de sa mère sur lui. Elle seule ne dort pas. Il lui fait de la main un signe d'affection.

Au dehors, la nuit est claire et fraîche. La lune est pleine. Il court jusqu'à la maison d'Alazaïs, ouvre la porte. Comme s'il avait compris le but du voyage, Talpou bondit. Il a retrouvé son ardeur.

En passant devant la maison hantée de Berdoulet, Guilhem ne tressaille pas.

Garsende avait raison. Lui aussi, cette nuit, se moque bien de ces fantômes-là. Il sait même qu'il n'aurait pas peur des loups si les loups hurlaient. Il ne pense qu'à Alazaïs. Comment la retrouver ? Il sait que les inquisiteurs sont à Pamiers, mais il y a une prison aussi à Carcassonne. Il choisit d'aller à Pamiers.

Ses jambes sont robustes, il marche vite. Comme une chanson, il répète sans cesse les mêmes mots : « Je te sauverai, Alazaïs, je te sauverai, il le faut, Jordan t'a confiée à moi. »

*
*   *

Le jour n'est pas encore là lorsqu'il arrive à Pamiers. Les ruelles sont vides. Il y rôde, cherchant la prison. Lorsqu'il la trouve enfin, c'est une grande maison fermée par de hautes murailles. Il s'impatiente.

— Que cherches-tu mon garçon ?

Guilhem sursaute. Un homme est sorti d'une basse boutique juste en face de la maison de l'Inquisition.

— Je ne cherche rien.

— Tu ne cherches rien mais tu voudrais bien avoir des nouvelles de ceux qui sont rentrés là.

— Oui, murmure Guilhem qui a décidé de faire confiance à cet homme.

— Plusieurs femmes sont parties hier matin, trois vieilles et une très jeune. Les inquisiteurs les ont conduites à Carcassonne.

Las soudain, Guilhem s'assied sur une grosse pierre. Le chien pose sa tête sur ses genoux.

— Il faut repartir, Talpou, Alazaïs n'est pas ici, ils l'ont amenée au mur de Carcassonne.

*
* *

Pendant que les oiseaux chantent, heureux de revoir le jour, Guilhem et le chien se sont endormis dans une clairière. Ils sont si fatigués qu'ils ont à peine mangé quelques baies sauvages avant de se laisser tomber dans l'herbe drue.

*
* *

Lorsque le soleil est au plus haut, ils passent la rivière en un gué désert que connaît bien Guilhem et rentrent dans Mirepoix.

Sur la place du marché il y a encore beaucoup de monde. Oies, poules, moutons criaillent, bêlent en un bruit assourdissant. Guilhem se faufile entre les étals.

Il est vite sorti de la ville. En passant sous le château, il pense avec tristesse que le seigneur qui l'occupe maintenant est un homme du Nord. Certains le disent juste et vaillant. Pourtant, il a volé son château à Pierre-Roger !

Il n'y a là aucun mouvement, la garnison tout entière s'est déplacée à Montségur pour grossir la troupe.

Il prend son chemin au plus court, n'hésite pas à traverser les bourgades. Le soir est revenu quand il arrive, toujours accompagné

du chien, dans le faubourg de Carcassonne.

Il passe un premier rempart, une porte large, et se retrouve dans la cité.

Il pénètre dans la foule comme dans une rivière profonde, il étouffe, sa tête tourne. Il n'a pas l'habitude d'une telle multitude. Aussi apeuré que lui, Talpou se colle à ses jambes.

Longtemps il erre comme un animal perdu, bousculé, ballotté par tous ces inconnus.

Il franchit un autre fossé sur un pont-levis plus étroit. Il y a là de hauts murs, une tour majestueuse. Guilhem devine qu'il est arrivé au bout du voyage. Il s'assied contre la muraille, le front ruisselant. « Alazaïs, Alazaïs, si tu es là, dans cette citadelle, comment arriver jusqu'à toi ? »

Les gens sont rentrés chez eux. Le silence revient. Au ciel, de rares étoiles luisent. Il s'endort d'un coup comme un enfant malheureux. La nuit passe sans qu'il s'éveille.

*
* *

Il entend grincer près de lui les roues d'une charrette, il se dresse. Un vieil homme crie :

— Viens m'aider, petit. Je dois porter ce bois dans la citadelle.

Guilhem croit rêver, c'est le ciel qui lui
envoie ce vieillard. Il pousse, il tire le chariot
avec une telle ardeur que le vieux dit :
— Holà ! mon gaillard, rien ne presse !
Ils ont passé la porte que Guilhem croyait
infranchissable. Même le gardien les salue !
Ils se dirigent vers une cave voûtée au plafond
bas. La cour est pleine de soldats qui rient, qui
parlent haut. Au-delà des hommes, Guilhem a
remarqué une ouverture étroite comme
l'entrée d'un souterrain.
— Tu sais où mène ce trou béant ? lui dit le
vieux qui a suivi son regard.
Guilhem choisit la réponse la plus périlleuse :
— Au cachot des emmurés.
— Tout juste. Tu veux le voir, ce cachot ?
— Mais... les gardiens ?
— Ne crains rien, je connais le geôlier, et
d'ailleurs les hommes et les femmes enfermés
là ne sont pas des criminels.

*
* *

Guilhem a enfoncé ses mains tremblantes
dans le pelage du chien. Ils avancent dans le
couloir sombre. Derrière eux, le gardien et le
vieil homme ont commencé une conversation

si intéressante qu'ils ont oublié le garçon.

Maintenant, Guilhem pénètre dans la pénombre, éclairée de loin en loin de minces meurtrières. Il avance dos au mur, comme un fantôme. C'est alors que Talpou commence à gémir. Guilhem essaie de le calmer mais le chien frémit. De sa gueule si longtemps muette sortent de petits jappements. À tâtons, le garçon sent une ouverture dans le mur. Le chien l'a devancé. Là, dans une cave minuscule, à même le sol, des corps sont étendus. Talpou ne s'est pas trompé. Et ce visage qui, vers la pâle lumière, se tourne, ces yeux gris...

Le cœur de Guilhem bondit dans sa poitrine.

— Alazaïs !

— Guilhem !

Elle paraît toute dolente, pourtant lorsqu'elle reconnaît son ami, elle se lève et s'accroche à lui :

— Je t'en prie, Guilhem, emmène-moi. Demain il sera trop tard. Ils doivent m'interroger encore. Ils savent tant de choses. Je ne résisterai pas. Ils m'enfermeront dans un cul-de-basse-fosse ou me feront brûler sur un bûcher. J'ai peur, Guilhem.

— Aie confiance, Alazaïs, je reviendrai.

— Hé, garçon, crie une voix assourdie par les

profondeurs du souterrain, où es-tu donc passé ?

Guilhem détache les doigts d'Alazaïs, cramponnée à ses chausses.

— Je reviendrai, murmure-t-il.

Il court dans le couloir, en entraînant Talpou.

— Alors, tu les as vus ?

Guilhem baisse la tête.

— Oui, dit-il entre les dents.

— Regarde-moi, petit. J'ai bien compris, va. Ce que tu veux faire n'est pas facile, la cour est gardée et demain il y a un nouvel interrogatoire : pour certains, ça veut dire la mort. Il faut agir tout de suite. Moi, je ne suis pas de la religion mais je n'ai rien non plus contre les cathares. Je n'aime pas voir griller ces pauvres gens. Je vais t'aider.

Guilhem prend la main du vieillard et l'embrasse.

*
* *

Alors tout se passe très vite.

Le vieux, tranquille, a éloigné le geôlier. Il a avancé son chariot au bout du souterrain et, avec la lenteur et la force d'un bûcheron, il a soulevé Alazaïs qu'il enveloppe dans de vieilles hardes. Il la couche dans la charrette et ressort aussitôt.

Guilhem, le souffle coupé par l'émotion, suit l'homme en silence. Pas un instant les soldats n'ont pris garde au manège de l'homme et de l'enfant.

Une fois dehors, éblouis de soleil, ils descendent, toujours silencieux, la ruelle du château et arrivent au premier pont-levis.

Rien n'a bougé. Au lieu de s'éloigner, ils se fondent dans la foule. Le vieux fait un signe et Guilhem monte dans le chariot. Il aide Alazaïs à se redresser, l'enlace. Pareils à deux enfants qui reviennent de la foire avec leur grandpère, ils se sourient.

Dans une ruelle plus étroite, ils sautent à terre et courent vers les remparts du nord. Ils ont tellement soif de liberté qu'ils ne ralentissent pas leur course en passant le dernier fossé, bien gardé. Un sergent d'armes hurle :

— Hé ! là-bas, arrêtez !

Ils vont comme le vent.

— Cours Alazaïs, cours, crie Guilhem. Dès que nous atteindrons le bois nous serons sauvés.

Alazaïs a déjà sauté un premier taillis.

— Aaah !

Elle se retourne et...

— Guilhem ! hurle-t-elle, Guilhem !

Si près d'elle qu'elle aurait pu retenir sa chute, Guilhem est tombé, le visage sur la terre.

Entre ses deux épaules une flèche est plantée.

19

Aux lèvres du garçon une écume rosée s'épanouit comme une fleur nouvelle. Dans ses grands yeux naguère si rieurs passe une ombre douloureuse.

—Fuis, va-t'en ! murmure-t-il, dis à Jordan que j'ai racheté la faute de mon père. Va-t'en, Alazaïs.

Ses paupières se ferment, il dit encore « J'ai mal », et sa tête roule dans les bras d'Alazaïs.

Le chien a entraîné les suiveurs vers une autre piste. On les entend dans les bois, les arbustes craquent sur leur passage. Alazaïs traîne le corps sans vie de Guilhem dans un bosquet. Elle le recouvre de mousse et de fleurs sauvages.

— Adieu mon Guilhem, dit-elle, le visage ravagé de larmes, tu resteras toujours dans mon cœur.

*
* *

Alazaïs, hébétée, le bliaud en lambeaux, sort de la forêt. Depuis longtemps, Talpou est revenu près d'elle. Les soldats ont disparu. Le bon chien la regarde, ses yeux sont pleins de tendresse.

Ils marchent ainsi jusqu'à la tombée du jour.

Dans une ferme, une vieille femme leur donne du pain et aussi des noix.

La fatigue d'Alazaïs est si grande que sa souffrance devient légère. Elle marche comme dans un songe. Dans les hameaux, ceux qui la croisent la rabrouent ou la réconfortent, selon qu'ils sont bons ou méchants, comme ils le feraient à une mendiante.

Sale, désespérée, Alazaïs avance vers Montségur. C'est sa seule lumière.

Au loin, sur un coteau, elle devine les murailles de Fanjeaux. Au-delà, c'est son pays, le village qu'elle aime, où l'attend en vain sa maison vide. Une maison, un village, un pays perdu pour elle.

« Plus jamais, pense-t-elle, plus jamais. » Mais dans son cœur il n'y a plus de place pour cette souffrance.

Elle dort dans les fossés et Talpou la couvre de son corps pour la réchauffer. Quand elle trébuche, il revient en arrière, lèche ses mains et l'encourage à repartir.

Ainsi ils vont jusqu'à ce soir de brume dans la forêt de Montferrier : elle sait que le but n'est plus loin, que lorsque le brouillard se dissipera lui apparaîtra le rocher sacré. Pourtant, elle est si lasse qu'elle tombe à tous les pas. Elle s'endort dans les fougères.

Talpou ne dort pas, lui. Il a senti dans le sous-bois une odeur qui a fait dresser ses poils. Il tremble de tous ses membres.

Un bruit sec réveille Alazaïs, elle essaie de prendre le chien contre elle mais il se débarrasse de ces bras qui le tiennent prisonnier. Il a flairé le danger. Derrière les hêtres une masse sombre avance lourdement. Deux petites boules également brunes se bousculent dans l'herbe.

— L'ours !

Horrifiée, Alazaïs essaie de retenir son compagnon mais le petit animal a compris

qu'il ne pouvait plus reculer. Il se lance dans le taillis.

Les petits n'ont pas cessé de jouer mais l'ourse s'est dressée sur ses pattes arrière. Alazaïs s'est jetée derrière un chêne immense, elle sait qu'elle doit s'échapper tant que Talpou protège sa retraite. Elle veut fuir mais ses jambes se dérobent. Elle se traîne sur les genoux. Elle écoute les bruits terribles qui lui viennent du bois. Lorsqu'elle entend Talpou aboyer avec force, Alazaïs essaie de se rassurer. Mais très vite il gémit. Alors, sans réfléchir l'enfant revient sur ses pas.

L'ourse a levé sa patte énorme. Talpou est collé au sol. Il va être écrasé, quand l'attention de la mère est attirée par la roulade d'un ourson dans la pente raide. Elle abandonne le chien pour s'élancer dans le taillis et disparaître.

Talpou est sauvé. Alazaïs ouvre les bras, il se jette contre elle. Dans son pelage fauve des taches sombres font comme des étoiles.

20

Les ronces griffent Alazaïs, les arbres feuillus balaient son visage. Le vent lui corne aux oreilles une affreuse litanie mais elle aperçoit dans une trouée de brume l'insolent château. Alors son cœur à demi mort se remet à battre. Son sang court à nouveau comme un fou dans son corps épuisé. Elle ne sent plus la meurtrissure de ses pieds.

— Jordan, dit-elle avec fougue, Jordan, j'arriverai jusqu'à toi, même si je dois passer par l'enfer.

Au bas de la montagne, l'armée du Nord s'est étendue. Elle envahit les prairies et les clairières et jusqu'à la forêt. Elle est partout en foule joyeuse dans le soir doux. Il y a là maints chevaliers, soldats et chevaux, mais aussi des femmes, venues des villages proches vendre le beurre et le lait, les légumes et le lard.

Alazaïs descend jusqu'au ruisseau pour y laver les blessures de Talpou. L'eau claire saute capricieusement de pierre en pierre, auréolée de mousse. L'herbe rase, broutée, est éclaircie de touffes de pâquerettes. Alazaïs y pose avec délice ses pieds couverts de plaies.

Cette soirée est douce à faire pleurer. Là-haut, près du ciel, le donjon de Montségur caresse les premières étoiles. Vers lui Alazaïs lève ses yeux fatigués. Si près du but, elle ne doit pas se faire reprendre et surtout, surtout, Guilhem ne doit pas avoir donné sa vie pour rien.

Elle voit venir parmi les peupliers du bord de l'eau deux jeunes filles, belles en leurs vêtements propres et lisses. Elle veut se cacher par peur de les inquiéter par son aspect misérable. Mais les filles l'ont vue :

— Où vas-tu donc, petite ? Tu as l'air bien malade et ton chien ne vaut pas mieux que toi.

— Il a été blessé par l'ours !

— Par l'ours ?

— Oui dans la forêt, il...

Les dernières paroles se perdent. Alazaïs s'est évanouie.

L'aînée des deux jeunes filles l'a déjà prise dans ses bras sans souci de la saleté qui traîne sur son corps.

— Aide-moi donc, Rixende, dit-elle à sa jeune sœur. Nous allons la porter jusqu'au moulin, elle n'est pas bien lourde.

*
* *

Lorsque Alazaïs ouvre les yeux, elle est revêtue d'un bliaud propre. Le visage inquiet de Rixende est penché sur elle.

— Ne crains rien, tu es dans la maison du meunier.

Pourtant, Alazaïs s'est dressée. Son regard effaré a fait le tour de la pièce comme pour y chercher la robe blanche de l'inquisiteur.

— Tu as parlé pendant ton sommeil, lui dit plus bas Braïda, l'aînée. Nous avons compris que tu voulais retrouver ceux de la citadelle.

Alazaïs a un mouvement pour fuir, mais Braïda la retient :

— N'aie pas peur, nous t'aiderons.

Alors elle referme les yeux, un sourire léger

flotte sur ses lèvres. Elle se sent légère comme une bulle de cascade.

Quand rentre le père, un solide vieil homme, ses filles ont vite fait de le mettre au courant.

— Doucement, vilaines pies, leur dit-il, vous affolez cette enfant. Dis-moi, petite, tu as quelqu'un à retrouver là-haut ?

— Oui, dit Alazaïs, ma grand-mère Garsende qui a été consolée.

Elle n'a plus peur. Cet homme-là, devant elle, a la force d'un roc. C'est un peu comme si elle retrouvait Martin le Rouge.

Pour la rassurer tout à fait, il lui dit :

— Je n'aime pas que ces gens du Nord envahissent nos montagnes, détériorent nos terres, éloignent les oiseaux avec leurs cris pointus d'étrangers. Je continue ma vie comme par le passé. Je ne fais pas le mal et j'essaie même de faire du bien. Je te conduirai là-haut. Je connais le rocher mieux que le plus habile de leurs écuyers. Moi, c'est ici que je suis né...

*
*　*

Ils attendent plusieurs jours qu'Alazaïs retrouve les forces qui l'avaient abandonnée.

La présence rieuse des deux jeunes filles réveille ce qu'il y a en elle de vivant.

À l'approche de la Saint-Michel, les merisiers sauvages commencent à se couvrir de feuilles rouges. Rixende, qui lave le linge au ruisseau, dit à Alazaïs en lui montrant les arbres :

— Regarde, Alazaïs, l'automne arrive. Dès que la neige sera là, les soldats lèveront le siège. Ils ne sauront pas vivre dans notre froid pays.

21

Dans la cabane minuscule, Alazaïs regarde Garsende prier. Elle l'a retrouvée avec une joie étrange, mêlée de respect. Ce n'est plus la vieille paysanne qui, le soir au coin du feu, lui racontait les temps heureux, ces temps où les parfaits allaient de village en village, portant la bonne parole, écoutés, « adorés » dans les châteaux et les chaumières. Cette époque bénie où, sur les places des bourgs, on écoutait le sermon du bonhomme avant de se laisser bercer par les chansons des troubadours.

Garsende est maintenant une parfaite. Tout son être est illuminé.

La tendresse d'Alazaïs s'est transformée en amour profond, grave. Elle voudrait faire sienne cette paix qu'elle sent voler comme une colombe douce dans la petite demeure de la bonne dame. Pourtant, elle n'y parvient pas, tant son cœur se tord de désir. « Jordan reviendra, alors je saurai mieux écouter Garsende » pense-t-elle.

Elle quitte la cabane, laissant la vieille femme agenouillée.

Elle s'en va dans la brume et le vent, vers le roc de la tour, là où son chevalier lui a dit : « Je t'aime tant, petite Alazaïs. »

22

Sur l'armée du Nord s'étaient levés bien des matins. Hugues des Arcis son chef, s'impatientait. Ce siège était trop long, il craignait que ses hommes supportent mal les rigueurs de l'hiver pyrénéen.

Un jour où il était particulièrement las et découragé, on lui amena un berger basque à la mine sombre, au regard tortueux. Cet homme se faisait fort de conduire, par les falaises, les soldats les plus hardis. Cela voulait dire prendre pied sur la face est de la montagne, à quelques jets de flèches de la citadelle. C'était là une folie, cette voie était imprenable.

Pourtant Hugues des Arcis accepta. Il savait
que dans la tour, là-haut, la garnison ne mon-
tait pas une garde sévère. Qui aurait pu braver
l'horreur du vide ?

Et... à l'approche de Noël, par une nuit
noire et froide, le malheur surgit de l'abîme.
Comme sortis de l'enfer, des spectres apparu-
rent parmi les buis. Effrayée, hébétée, la
troupe qui se trouvait là se laissa massacrer.

Dans le joli chemin de crête qui menait à la
tour de l'est, Alazaïs ne pourrait plus aller
rêver, comme elle l'avait fait tous les jours
depuis son retour sur le rocher des cathares.

*
* *

L'invasion de cette partie retranchée de la
forteresse a marqué le début d'une bataille terrible. Tous ceux qui vivaient dans les cabanes
alentour ont reflué à l'abri du château.
Maintenant, la cour est trop petite pour
contenir tout le peuple qui s'y presse.

La vie à Montségur est devenue bien difficile. Les boulets lancés depuis la tour par les
machines infernales tombent au hasard sur les
toits, les créneaux et aussi sur la foule serrée
dans la cour. Les hurlements de terreur se
mêlent aux gémissements des blessés.

Alazaïs va de l'un à l'autre. Elle soutient ce mourant que le parfait Taparel va « consoler », ou soigne ce tout jeune écuyer dont la jambe a été arrachée.

Chaque fois qu'elle se penche sur les blessures d'un chevalier, elle croit reconnaître Jordan. Mais Jordan depuis longtemps s'en est allé à Toulouse, porteur d'un message de Pierre-Roger de Mirepoix.

Lorsque la nuit vient, que partout se fait le silence, Alazaïs monte sur le chemin de ronde où elle sait retrouver le sergent d'armes Arnaud Domerc. Ensemble, ils fouillent de leurs yeux les montagnes où certains soirs s'allument des feux.

— Tu vois, lui dit le soldat, c'est le signe attendu. Le comte de Toulouse va nous venir en aide.

Mais pour Alazaïs c'est, à travers les collines, le cri de Jordan qui annonce son retour.

23

Tel un oiseau mélancolique, Montségur plane au-dessus des vallées. La neige a recouvert les terres brunes.

Un matin pourtant, le soleil perce le brouillard noir. Et dans le cœur d'Alazaïs le soleil revient aussi : la nuit passée a ramené Jordan...

Il n'est pas arrivé seul. Avec lui, un homme inconnu a réussi à franchir le camp ennemi. Il s'appelle Bertrand de la Vacalerie, il est expert en machines de guerre. Dès la première aurore il se met à construire une catapulte telle qu'elle paraît capable d'anéantir toutes celles de l'armée du Nord.

Arnaud Domerc ne s'était pas trompé lorsqu'il montrait à Alazaïs les feux dans la nuit : le comte de Toulouse ne les a pas abandonnés. Après Bertrand de la Vacalerie, arriveront certainement des troupes neuves et Montségur sera sauvé ! Tous reprennent courage et la bataille repart avec force.

Partout, il y a des blessés et des morts.

Jordan, au milieu des autres, se bat comme un loup. Il pense à la mort de Guilhem, à la souffrance d'Alazaïs et sa haine des inquisiteurs redouble.

Il est de toutes les missions périlleuses, il court au danger comme si la vie de tout son pays en dépendait. Par amour pour Alazaïs, il devient le héros de cette guerre impitoyable. Il voit près de lui tomber ses compagnons percés de flèches, expirer de grands chevaliers, et sa rage de vaincre s'accroît.

Au soir des rudes combats, Alazaïs le retrouve vivant avec un bonheur infini. Elle caresse doucement son visage, lave le sang qui le salit, le couvre de baisers. À l'aube, il repart avec plus de vaillance encore.

Au-dessus du chemin de crête, les boulets, comme de lourds rapaces, obscurcissent le ciel. Dans la tour de l'est la panique s'installe. Les soldats de Hugues des Arcis courent aux créneaux, saisis d'effroi devant cette attaque inattendue.

Les défenseurs de Montségur sont plus intrépides, plus téméraires, comme s'ils se moquaient de la mort. Mais les autres sont nombreux, si nombreux ! Et bientôt ils reprennent l'avantage.

Hélas, les renforts promis par le comte de Toulouse n'auront pas le temps d'arriver ! Alors, voyant fondre ses troupes, Pierre-Roger de Mirepoix décide d'arrêter le massacre.

À la veille du printemps 1244, Pierre-Roger de Mirepoix rencontre Hugues des Arcis et les inquisiteurs. Ensemble, ils signent une trêve de quinze jours pendant laquelle tous ceux de Montségur qui voudront avoir la vie sauve devront renoncer à la religion cathare. Les autres seront brûlés.

*
* *

L'hiver est fini. Les machines terribles se taisent et la paix revient sur la montagne sainte.

Pendant quinze jours dans la salle du donjon restée intacte, les parfaits se préparent à la mort. Avec eux, des chevaliers, des sol-

dats, des écuyers choisissent le bûcher.
Arnaud Domerc et sa femme Bruna sont de
ceux-là.

Jordan a pris dans ses mains le doux visage
d'Alazaïs :

— Je veux que tu vives. Je veux vivre pour
toi, je ne peux pas te voir disparaître dans les
flammes, je n'en ai pas le courage. Je t'en
supplie, Alazaïs, ne va pas à la mort. Regarde
comme est beau ce ciel de mars et ses fleurs
nouvelles et le vent dans tes cheveux. Vis pour
moi, Alazaïs.

Alors Garsende bénit Alazaïs sans que coule une larme sur son beau vieux visage.

À tous ceux qui vont continuer à vivre, les cathares distribuent leurs objets précieux. Jordan reçoit d'un chevalier « consolé » un cheval et quelques écus.

Philippa, l'épouse de Pierre-Roger, serre sur son cœur sa petite sœur Esclarmonde qui préfère mourir. Avec dans les yeux toutes les lumières du ciel, Bertrand Marti administre le « consolamentum ».

Bruna donne à Alazaïs la colombe de bois que lui avait sculptée Arnaud au temps de leurs jolies fiançailles.

*
* *

La trêve se termine. Ceux qui veulent vivre quittent la forteresse en laissant là-haut près des étoiles, pour leur dernière nuit, plus de deux cents cathares.

24

Dans la prairie, au pied de la montagne, on a construit un enclos fait de pals. Il y a tant de fagots entassés que la forêt entière paraît nue.

La clairière s'est peu à peu remplie. Les survivants de Montségur se sont rassemblés et, des villages voisins, des hommes et des femmes sont venus, serrant contre leurs jambes leurs petits enfants. Parmi eux quelques soldats du Nord se sont glissés. Maintenant ils ont peur. Tant que la bataille faisait rage, ils étaient des combattants mais ils n'aiment pas voir flamber de pauvres gens sans défense. Leurs mains frissonnent.

Tout près de la palissade, les robes des inquisiteurs sont plus claires que leurs regards. Impassibles et froids ils s'apprêtent à lire la sentence.

Alazaïs, les yeux remplis d'épouvante, regarde monter les premières flammes. La longue colonne des condamnés descend le sentier de la citadelle. Devant, marche lentement ce vieil homme digne qui fut le chef de l'Église cathare. Bertrand Marti s'arrête un moment et regarde le ciel. Et le ciel est pur à l'image de ceux qui vont mourir.

Le feu flambe avec une telle violence que l'on croit entendre la tempête.

Marquésia de Lanta a pris la main de sa petite-fille Esclarmonde. La très vieille femme aide l'enfant infirme à franchir la clôture de pieux. Sans un cri elles se laissent tomber dans le brasier.

Dans la foule assemblée un sanglot est monté comme un cantique.

Tous ceux que Jordan et Alazaïs ont aimés vont disparaître : Bruna et Arnaud, fiers comme au premier jour de leur amour, Bernard de Saint-Martin qui a donné son cheval à Jordan, Pons Capelle qui est de leur pays, India de Fanjeaux et dame Guiraude... Tant d'autres.

La brume qui envahit le ciel a l'odeur atroce des chairs brûlées et les cendres qui se mêlent aux larmes font sur le visage d'Alazaïs de noirs sillons.

Garsende s'est approchée à son tour. Elle paraît plus jeune, plus grande, plus belle. Ses lèvres ne tremblent pas, elles bougent seulement comme pour chanter. Les flammes commencent à lécher son corps, à le dévorer lentement sans se presser comme pour un jeu terrifiant. Elle cherche dans la foule l'enfant très aimée et lui sourit. Ses grands yeux gris, si semblables à ceux d'Alazaïs, se ferment et tout son corps s'effondre dans un jaillissement d'étincelles.

Les dernières fumées montent le long de la montagne comme des oiseaux frileux qui s'accrochent aux buis, caressant la neige de leurs ailes sombres.

— Regarde, Jordan, dit tout bas Alazaïs, ce sont leurs âmes qui s'envolent.

Les bourgeons poilus scintillent aux branches des saules. Les premières violettes ont envahi les fossés. Le soleil s'attarde au creux de la colline.

Talpou poursuit dans les fougères un papillon malin. Le cheval va lentement froissant l'herbe tendre.

Contre l'épaule de Jordan, Alazaïs s'est endormie.

Dans la même collection
Aventure

Fantastique-S.F.

ANNE BECHLER
L'année de la Sauterelle

JACQUES BARNOIN
L'alerte noire

ROBERT BOUDET
Objectif Terre !
Livre d'or, 1991
Les 1 000 vies
de Léon Camet

CLAUDE CÉNAC
Les Robestiques

YVES-MARIE CLÉMENT
Mission aedes

SUZANNE DE ARRIBA
Les fantômes de la
Côte-aux-Pins

MARIE DUFEUTREL
Le lutin d'appartement
Le télépiège

JOAN FLANAGAN
Mon frère et autres créatures
bizarres

CHRISTIAN GRENIER
Futurs antérieurs
Le satellite venu d'ailleurs

JACQUELINE HELD
Piège sur Orlanda

MIREILLE MAAGDENBERG
La bête des hachélèmes

MIETTE MARSOL
Fifine et le fantôme

GÉRARD MONCOMBLE
L'heure du rat
Prix Lire au collège, 1988
Les yeux d'Oo

SILVINA OCAMPO
La tour sans fin

PIERRE PELOT
Le pays des rivières
sans nom

MAURICE PÉRISSET
Les statues d'algues

MICHEL PERRIN
Le petit Albert et autres contes
à découdre

ÉMILY RODDA
Cochon vole !

JEAN-LUC SAUCET
L'étrange voyage d'Augustin,
fils d'Oxymèle
Prix Octogones, 1991

FRANÇOIS SAUTEREAU
La petite planète

HENRY THIEL
Tim
Les sirènes de Néopolis

Historique

Société

Humour

Poésie

VÉNUS KHOURY-GHATA
Leçon d'arithmétique au grillon

HUBERT MINGARELLI
Le secret du funambule

MICHEL MONNEREAU
Poèmes en herbe

Policier

ROBERT BOUDET
Du rififi dans les poireaux

MARIE-JEANNE BARBIER
Le secret du caniche

PIERRE CORAN
Terminus Odéon

E.B.P.
La bague aux trois hermines

GIORDA
Les enquêtes
de Mac et Maribé
Nouvelles enquêtes
de Mac et Maribé

GÉRARD HUBERT-RICHOU
Walkman

JULIE MARIVEL
L'affreuse affaire Malabarre

AMÉLIE RANGÉ
L'ice-cream
était presque parfait

JACKIE VALABRÈGUE
Le secret du scarabée d'or

JACQUES VENULETH
L'assassin
n'aime pas la corrida

Nouvelles

JEAN-MARIE ROBILLARD
La route des matelots
Jean des Oiseaux

ŒUVRE COLLECTIVE
Nouvelles 100 %

JOCELYNE SAUVARD
Contes sous la lune

Aubin Imprimeur

LIGUGÉ, POITIERS

IMPRESSION – FINITION

Achevé d'imprimer en mai 1994
Nº d'impression L 45434
Dépôt légal mai 1994
Imprimé en France